Ángel

# Ángel

## A SHORT STORY

BILL VANPATTEN

Cover design by Adam Gammons

ISBN 978-1720810230

Printed in the United States.

INPUT AND MORE

# DEDICATION

This story is dedicated to all young people who struggle or have struggled to fit in. It always gets better.

# Ángel

Los seres humanos no nacen para siempre el día en que sus madres los alumbran, sino que la vida los obliga a parirse a sí mismos una y otra vez.

*—Gabriel García Márquez*

Varieties of angels, like varieties of love, are many.

*—Aberjhani*

# PRÓLOGO

## Me llamo Diego Torres

ME LLAMO DIEGO TORRES, pero mi madre siempre me dice "Ángel." No sé por qué. No soy religioso y, ahora que tengo 19 años, no me gusta ese nombre.

Soy de estatura mediana, con pelo moreno, ojos color de café espresso. No soy ni fuerte ni débil, ni gordo ni flaco. Soy regular. La verdad es que no tengo nada de especial. Bueno, sí, tengo algo de especial: un sexto sentido extraordinario. Pero aquí me refiero a mi parecer físico. No soy de esos chicos que cuando entran en una fiesta, todos lo miran y piensan "¡Ay, qué guapón!" Más típico, casi nadie se da cuenta de mi presencia.

Y eso me gusta.

No saben que cuando les miro a los ojos, en seguida entiendo quiénes son, qué les motiva y cuáles son sus temores más graves. Sí, con una sola mirada, se me revelan todos sus pensamientos más íntimos. Es inevitable y no tengo control sobre ello.

Seguramente unos dirían que es un regalo. Pero más que nada, es una maldición. Mejor que nadie me hace caso…

# SEGMENTO 1

# Me parezco a mi papá

SOY DE UNA familia mexicana, inmigrada a los Estados Unidos hace quince años. Ahora soy tan americano como mexicano. Pero muchos me miran con ojos sospechosos. Por un momento, se preguntan, "¿Legal o ilegal?" A veces piensan que soy obrero, o jardinero, o cocinero en Denny's, que mis padres reciben ayuda del gobierno, que todo lo tengo por *affirmative action*, que tengo cinco o más hermanos, que vendo drogas. Es un poco aburrido y cansado. No saben que soy ciudadano de este país, alfabeto en dos lenguas, y que estudio en Berkeley.

La verdad es que mi papá murió joven, dejándonos una pequeña fortuna. Mi mamá, de ascendencia norteamericana, decidió regresar a los Estados Unidos. Así que un año después de la muerte de mi papá, vinimos a California. No tengo hermanos y en California no tenemos parientes. No conozco a mis abuelos, ni a mis tíos, ni a mis primos. Solo somos mi mamá y yo.

Nuestra casa está situada en Monterey, entre unas colinas con vista al mar. Es una casa amplia, blanca, de muchas ventanas enormes—y tenemos todo tipo de comodidad. A veces las focas juegan en el mar para después recostarse en las rocas para tomar un poco de sol. El olor de sal marina mezclado con eucalipto es un recuerdo constante de mi juventud. La verdad es que no carezco de nada. En ese sentido soy muy afortunado. Para mi cumple de 18 años, mi mamá me regaló un carro nuevo—un BMW Z4 descapotable. ¡Qué cocinero de Denny's!, ¿eh?

Cuando no estoy ocupado con mis estudios, me encanta dar un tour por las colinas del East Bay, recorriendo a toda velocidad con el sol pegándome a la cara y el viento al punto de levantarme de mi asiento. Si solo pudiera volar…

No tengo memorias de mi papá. Y no hay fotos. Cuando pregunto, mi mamá dice que no existen, que mi papá no era para las fotos. Pero en casa hay centenares de fotos de mi mamá y de mí. Mi primer paso. Todos mis cumpleaños. Varias graduaciones. Vacaciones en Disneylandia, en Hawái. Mi mamá dice que me parezco mucho a mi papá, pero como no hay fotos de él, ¿quién sabe?

# SEGMENTO 2

# Sueño cosas increíbles

ESTUDIO FILOSOFÍA. MIENTRAS otros se dedican a lo pragmático—la inteligencia artificial, los negocios o las ciencias (para que después ingresar a una escuela de medicina)—yo me contento con los filósofos y las grandes preguntas eternas: ¿Qué es lo moral? ¿En qué consiste el hombre? ¿Por qué somos cómo somos? ¿Por qué estamos aquí?

Soy buen estudiante. Recibo buenas notas. Pero a veces me aburro durante mis clases, sobre todo porque no quiero mirarle a nadie a los ojos. Sueño despierto, con lugares lejanos, otros destinos. Y en la noche, sueño cosas increíbles, y tengo un sueño recurrente en particular. Es de noche y estoy solo en las montañas. Oigo un ruido y cuando levanto la vista, veo a un hombre que aparece entre unos árboles. Camina lentamente hacia mi dirección. Sonríe, como que está contento de verme. Aunque no hay nada de amenazante en su presencia, sí hay algo raro en su parecer físico: posee unas alas enormes que brotan de sus hombros y extienden casi dos metros por cada lado de su cuerpo. Por fin llega donde estoy. Habla pero no oigo lo que dice. Solo veo que sus labios mueven. Estudio su cara. Tiene ojos color de café, esos que te invitan a conversar, ojos que te dicen "Tranquilo. Todo está bien." Me doy cuenta que no pasa nada cuando le miro así. No veo sus secretos, sus pensamientos, y estoy contento. Al final del sueño, él desaparece con un gran batir de esas fabulosas alas. Levanto la vista para ver adonde se ha ido y solo veo un vasto cielo negro, perforado de miles de estrellas brillantes. Cuando me despierto, no me siento ni bien ni mal, sino vacío—como que algo dentro de mí ya no está.

No tengo novia. No me interesan las chicas. Tampoco me interesan los chicos, si eso es lo que estás pensando. Nunca he besado a nadie y no he experimentado el sexo. Creo que soy asexual—o quizás mi "regalo" me inhibe los impulsos que tienen los demás de mi edad. Lo que pasa es que cada vez que conozco a una persona, percibo sus pensamientos—y en la vasta mayoría de los casos, no me gusta lo que veo.

Mejor no conectarme con nadie.

# SEGMENTO 3

# Los pensamientos ajenos

HACE POCO QUE tuve un problema con mi profesor de filosofía antigua. Estaba al punto de salir de la clase cuando me detuvo.

"Diego, quiero hablar contigo," me dijo, su voz solemne.

"Está bien," contesté. Me sentía incómodo y evitaba mirarle a los ojos directamente.

"Eres buen estudiante, pero noto que no hablas mucho en clase. ¿Por qué no participas en las conversaciones que tenemos?"

Me encogí de hombros. ¿Qué podía decirle?

"¿Algo te pasa?"

Me quedé mudo, con la cabeza inclinada.

"¿Ves? Ni siquiera me miras cuando te hablo. En clase, casi no levantas la vista para ver a los demás."

Después de unos segundos contesté. "Tengo mis razones."

"¿Razones?"

Asentí con la cabeza. Tenía ganas de escaparme porque sabía por dónde iba la conversación. Mi profe suspiró.

"Okey. Entiendo que no quieres hablar, pero por lo menos, ¿puedes mirarme mientras te hablo?"

Con un gran esfuerzo, levanté la vista.

"Gracias," dijo. "Quiero decirte unas cuantas cosas...," pero no oí nada de lo que decía. Un imán invisible me atraía hacia sus ojos.

Y me caí.

De pronto, me encontré rodeado de una serie de pensamientos ajenos. Imagen tras imagen. Pero un reproche sonaba como un eco: *Tengo toda la culpa. ¿Por qué no veía lo que pasaba? Tengo toda la culpa. ¿Por qué no veía lo que pasaba?...* Y luego me llegó la imagen de un joven muerto, una pistola en su mano. Un suicidio.

"¿Entiendes lo que estoy diciendo?" Mi profe terminaba lo que quería decirme, pero yo no había oído nada.

"No tiene la culpa, profesor," dije.

"¿Qué dices?"

"Que Ud. no tiene la culpa—de la muerte de su hijo," respondí.

Su expresión cambió de sorpresa a horror. "¿Qué sabes de eso?"

Esto es lo que quería evitar. Ahora, ¿qué decirle? ¿Que había entrado a su mente y que había "leído" algo allí que él ocultaba? Escogí mis palabras con cuidado.

"A veces, hay cosas que no podemos controlar," dije sencillamente. "Su hijo se suicidó por sus propias razones, no por Ud."

Bajó la cabeza y después de una larga pausa dijo en voz muy suave, casi un susurro, "Lárgate."

Agarré mi mochila y fui hacia la puerta. Antes de salir, di una vuelta. Mi profe ocultaba su cara en las manos y oí un débil sollozo. Lleno de una profunda tristeza, me fui, caminando a solas por un pasillo desprovisto de otros seres humanos, un pasillo estéril—como una noche sin estrellas.

# SEGMENTO 4

# El hombre de las alas enormes

DESPUÉS DEL ENCUENTRO con mi profesor, tenía ganas de subir al carro y hacer un tour por las colinas. Un escape, eso sí. Pero al salir del edificio, sentí como que alguien me miraba. Fue cuando lo vi. Un hombre al otro lado de donde los estudiantes dejan sus bicicletas. Quedaba inmóvil, como una estatua.

Vestía ropa común y corriente—pantalones tipo Levis, botas, camisa color gris y un abrigo largo de esos que se ven en películas como *Matrix*. Su pelo era corto, su faz morena. Parecía latino, quizás de ascendencia mexicana, de unos 40 años. No era muy alto.

Cuando lo vi, me miraba fijamente—como que me estudiaba a distancia. Su mirada era solemne, plácida. Sus ojos me penetraban, y sentí que su vista circulaba por mis venas, en busca de algo, probando allí, probando allá.

Sí, que me estudiaba.

Y dentro de mí empezó a crecer una sensación de que me conocía—o que lo conocía yo a él.

No sé cuánto tiempo me quedé mirándolo—y él a mí. ¿Unos segundos? ¿Un minuto? Pero nunca se movió. No hizo ni un gesto. Y yo igual, como en un trance de infatuación intelectual. ¿Quién era ese señor?

Entonces, en ese momento, las sinapsis en mi cerebro explotaron con una singular idea. *¡No puedo leerlo!* Aunque le miraba a los ojos, sus pensamientos me quedaban inertes, invisibles. ¿Cómo era posible? Con cualquier otra persona, era inevitable caer en sus memorias más íntimas si yo le miraba a los ojos. Pero este señor era diferente. Sus pensamientos permanecían escondidos.

Una urgencia me agarró. *Tengo que hablar con él*, pensé. Tenía que saber quién era, por qué me miraba. Tomé un paso hacia él—y un estudiante, igual distraído que yo y con un celular pegado a la oreja, se chocó conmigo.

"Uh, sorry dude," dijo.

"No problem." Le ofrecí una ligera sonrisa como prueba de que no me molestaba, sin mirarle a los ojos, claro. Cuando miré hacia la dirección del señor, no estaba. Eché un vistazo en varias direcciones. Nada.

Algo me tiraba la memoria y una imagen vaga flotaba al lado de una pregunta: *¿Por qué me parecía familiar?*

*¡Zap!* ¡Se parecía al hombre de mis sueños! Ese fantasma que me hacía visita mientras dormía. Él que me hablaba, cuya voz no oía. Él de la sonrisa, él de las alas enormes. ¿Cómo era posible? ¿Era que lo conocía sin saberlo, sin recordar?

Me quedé estupefacto, inmóvil, contemplando lo que sucedió. *¿Me vuelvo loco?*, me dije. *¿Estoy viendo cosas que no están?* Se me hacía que otras personas iban y venían, cumpliendo con sus deberes universitarios, pero apenas las percibía.

Y una voz, lejana, en los rincones más remotos de mi mente, susurró: *Habla con tu mamá. Tienes que hablar con tu mamá…*

# SEGMENTO 5

# La Virgen sobre la roca

COMO ERA VIERNES, no había por qué quedarme en Berkeley. Subí a mi auto y sin volver a mi apartamento, fui manejando hacia Monterey. Era difícil concentrarme en ruta. Esa voz me perseguía: *Habla con tu mamá.* Muchas veces las voces internas son nuestras. Son nuestros propios pensamientos inconscientes que toman forma para comunicarse directamente con el nosotros consciente.

Pero esta voz no era mía. Y no me sonaba. Era una voz masculina.

*Habla con tu mamá.*

Llegando a la casa, no encontré a mi mamá. La busqué en la cocina, en el salón, en su cuarto. Nada. La casa estaba vacía— y la música, que siempre tendía a flotar por la casa mientras mi mamá cantaba a la vez con pretensiones de Madonna, estaba ausente. A pesar del interminable azul del cielo y un sol que dominaba el día, me hallé en una enorme tumba blanca desprovista de vida.

Salí al patio pensando que allí estaría. Solo encontré una copa de vino blanco medio vacía en la mesa. Las huellas débiles de sus labios pintados color coral eran la sola indicación que la copa era de mi mamá. En la silla, un libro yacía bocabajo, como que mi mamá lo había dejado a mediados de un capítulo para contestar al teléfono o atender la ropa en la lavadora.

Desde el patio miré hacia la playa, y allí la encontré—inmóvil sobre una roca, su mirada apuntada hacia un punto lejano en el horizonte del Pacífico. Su pelo medio rubio-moreno oscilaba con la brisa que venía bailando sobre el mar. Desde mi perspectiva se veía pequeña, frágil—una figura delgada pintada dentro de un cuadro religioso. La Virgen sobre la Roca.

Bajé a la playa y al cercarme me detuve para no asustarla. El único sonido era el intermitente rugido del mar que asaltaba la playa, y un grito solitario de una gaviota que aleteaba sus blancas alas al buscar percha en una roca.

"Mamá," dije en tono muy suave. "Mamá."

Sin dar la vuelta respondió. "¡Qué inmenso es el océano! ¿No crees? Desde aquí parece eterno, sin fin, como el universo."

Después de unos segundos, se volvió y me saludó con una ligera sonrisa. "Sabía que venías, Ángel."

Bajó de la roca y me abrazó. Luego me estudió. "Pero cómo estás más y más grande. Pronto me vas a dejar."

"Mamá, no digas tales cosas." Pero lo que decía era verdad. En algún momento tendría que lanzarme al mundo para forjarme una vida. Eso le pasa a todo el mundo, ¿no? El Gran Plan de la Naturaleza es que los pájaros dejan el nido, los zorros buscan su proprio territorio y los seres humanos crean sus propias vidas. ¿Por qué nos junta el cosmos el uno con el otro, solo para separarnos y empujarnos por rutas aisladas y desconocidas? Pero este no era el momento para irme yo. Y además, me daba tristeza pensarlo.

Mirándole los ojos, no pude evitar que aun con una sonrisita en los labios mi mamá llevaba una carga dentro—una carga forjada por una experiencia o por quién-sabe-qué grupo de experiencias—y esta carga la guiaba aun si ella no lo reconocía. Y eso lo sabía yo no porque podía leerlo en sus pensamientos. Por una razón que no entendía yo, mi mamá era la única persona cuyos pensamientos me eran impenetrables. En el caso de mi mamá, entendía lo que le motivaba simplemente porque era mi mamá y la conocía tan bien como me conocía a mí mismo.

"Ya verás," continuó. "No falta mucho para que llegue el día. Vamos adentro. ¿Tienes hambre?"

16

Asentí con la cabeza y ella me agarró del brazo y los dos subimos a la casa.

# SEGMENTO 6

## Lo esperaba

SENTADO EN LA mesa del patio, miraba a mi mamá. Venía desde la cocina con un plato para mí y uno para sí misma. Sus movimientos eran ligeros, como que apenas pisaba la tierra cuando caminaba. *Como si no fuera de este mundo*, pensé. Y luego me di cuenta de lo raro pensar algo parecido. Puso los dos platos en la mesa y se sentó. Miré mi plato—una ensalada con atún—y de repente se me evaporó el hambre que antes tenía. Algo adentro me impedía el apetito. Era la voz interna que sonaba en mis pensamientos desde que había visto al hombre desconocido en Berkeley: *Habla con tu mamá.*

"¿No te gusta?," preguntó mi mamá, señalando mi plato con su cabeza.

Me puse una sonrisa ligera. "Ya sabes que me gusta, Mamá. Es que…" Buscaba palabras. Ella fijó su mirada en mí. Continué. "Hay algo que quiero hablar contigo."

"Sí, Cariño. ¿Qué es?"

¿Cómo comenzar una conversación sobre mis sueños, mi "habilidad especial"?

"Ángel, estás muy serio. ¿Algo te pasa? ¿En la universidad?" Seguía estudiando mi cara, sus ojos verdes probando.

"No, mamá…"

"Pues…"

Respiré profundo—y luego me lancé. "Hace varios años me pasó algo raro. Cuando tenía 13 años. Estaba en el gimnasio, después de mi clase de deportes. Iba hacia el área de las duchas cuando pasé por la oficina del entrenador." Hice una pausa. Mi mamá no dejó de mirarme. "Estaba sentado pero no le pude ver la cara. Sin embargo, oí su voz. Su voz sonaba rara, como que se transmitía por un túnel. Me quedé un rato y él repetía una sola frase: *Mi mujer va a enterarse. Mi mujer va a enterarse.* Y luego me di cuenta."

Mi mamá se inclinó hacia mí. "¿De qué?"

"Me di cuenta de que no hablaba. Oía su voz, pero él no hablaba."

"¿Y?"

Tragué saliva. "Entendí que oía lo que pensaba."

Mi mamá no se movió por unos segundos. Luego se reacomodó en la silla. Prendió el tenedor y empezó a comer su ensalada.

"Mamá, ¿oíste lo que dije?"

"¿Y esto ocurrió cuando tenías 13 años?" Hizo la pregunta mientras tocaba el atún con su tenedor, como que evitaba mirarme.

"Sí."

Ella siguió comiendo, sin hablar. En ese momento, quise poder leerla, saber lo que pensaba. Pero como siempre, sus pensamientos me quedaban ocultos. Una muralla mental impedía mis intentos.

"¡Mamá! ¡Te estoy diciendo algo importante! ¡Di algo!"

Lentamente, bajó las manos y dejó descansar los cubiertos sobre su plato. Levantó la cara para por fin mirarme. "Lo esperaba."

"¿Lo esperabas? ¿Qué esperabas?"

"Este día." Se levantó de la mesa, agarró su plato y fue a la cocina. La seguí. Empezó a enjuagar el plato.

"Mamá. Se me hace que hay algo que quieres decirme. ¿Por qué no me miras?"

Dejó la tarea del plato y cerró el grifo. Se volvió hacia mí.

"Desde que eras pequeño sabía que ibas a ser especial." Una pausa. "Tu papá. Él era especial."

"¿Cómo que especial? ¿Y qué tiene que ver mi papá con lo que acabo de decirte?" Probé sus ojos. Nada. "Mamá, por el amor de Dios, te digo que puedo leer los pensamientos de otras personas y apenas reaccionas…"

"Ángel, no he hablado mucho de tu papá…"

"¿No mucho? No has hablado nada."

"Entiendo tu reproche. Pero créeme, solo he querido lo mejor para ti. Necesitaba esperar hasta el día en que pudieras entender."

"¿Entender qué?"

"Espera." Salió de la cocina dejándome un revoltijo de emociones y pensamientos. ¿Qué sabía mi mamá que no me decía? ¿Cómo era yo "especial"? ¿Cómo figuraba mi papá en todo esto? Desde mi niñez ha sido un fantasma en mi vida, y más que una persona, mi papá era una idea lejana, casi un mito. ¿Por qué me hablaba mi mamá de él ahora? No tomo alcohol pero en ese momento me hubiera gustado tragar un buen tequila. O dos.

Mi mamá volvió. En la mano llevaba un objeto—lo que parecía ser un huevo de metal grande. Me lo extendió. "Toma. Tu papá me dijo que algún día sabría yo cuándo dártelo."

Tomé el huevo. No pesaba mucho, menos de una libra me imaginaba. No reconocía el metal. Era de color azul cobalto, liso, sin ningún rayo, línea u otra marcación. Empecé a inspeccionarlo, dándole varias vueltas. Parecía sólido.

"¿Qué es?," le pregunté.

"Tu papá dijo que tú lo sabrías. Te dejo solo." Me dio un beso en la mejilla y salió de nuevo.

No entendí. Mi intento era tomar a mi mamá en confianza. Hablar con ella sobre mi habilidad especial, hablar de mis sueños, hablar del hombre que vi en Berkeley. Verla escucharme, entenderme, darme consuelo. Quería salir del aislamiento que me había construido durante los últimos seis años. Pero la conversación que quise tener no se realizó. Y la que tuvimos dio resultado que no esperaba. Me encontré aislado de nuevo, con un objeto misterioso en las manos.

Fui al salón, mis pasos lentos mientras en mi mente corría una cascada de confusión. Me senté en el sofá y empecé a inspeccionar el huevo otra vez. Lo presioné en varias partes.

Nada. Lo golpeé contra la mesa varias veces. Nada. Lo puse en le mesa y lo estudié unos momentos. *Mi papá dijo que sabría yo…* No tenía sentido. Froté mis sienes mientras quedé estudiando el óvalo. *Mi papá dijo que sabría yo… Mi papá dijo que sabría yo…*

Entonces, se me ocurrió algo. ¿Tenía mi papá la misma habilidad que yo? No era absurda la idea. Quizás era un rasgo transmitido genéticamente, como la estatura o el color de ojos. Pero, ¿qué tenía que ver mi habilidad con el huevo? A menos que… no. No era posible. Pero…

Cerré los ojos y me concentré en el objeto, dejando que un solo pensamiento ocupara mi espacio cerebral: *Muéstrame lo que eres. Muéstrame lo que eres.* Sentí algo como un pulso de electricidad pasar por mi cuerpo. Abrí los ojos.

El huevo empezaba a iluminarse. Luego, una voz empezó a emitirse del objeto. Era una voz masculina, pero suave, calmante. Como la voz del hombre de mis sueños.

"Diego. Por fin has llegado." Y luego oí algo que jamás esperaba oír en mi vida.

"Soy tu papá."

# SEGMENTO 7

# El hombre una vez más

QUEDÉ INMÓVIL. MIS ojos se enfocaban en el objeto y sentía los latidos de mi corazón como un reloj interno que marcaba los segundos: *thump, thump, thump.* El huevo seguía iluminado. Después de una larga pausa hablé.

"¿Papá?"

"Sí, hijo. Soy tu papá."

"Pero, ¿cómo es posible? No entiendo…"

"Tócame," dijo.

"¿Cómo?"

"Tócame," repitió. Entonces alcancé el objeto con la mano derecha. Cuando lo toqué sentí movimiento adentro. Retiré la mano y el huevo empezó a partirse en dos. Una pequeña neblina de color rosado pero iluminada—como las chispas de un cohete en el cuatro de julio—empezó lentamente a escapar, poco a poco tomando una forma. Al principio, no se parecía a nada, como una masa de barro esperando las expertas manos del alfarero. Luego empezó a tomar forma. Unos segundos más y pude ver algo como una figura humana, aunque sin detalles, sin cara. Siguió formándose, creciendo de tamaño, adoptándose más y más a parecerse a una persona. Por fin las partículas de la neblina se constelaron y en frente de mi quedaba un hombre de un poco menos de dos metros de alto. No era de carne y hueso sino de esas partículas neblinosas, como los fantasmas en una película Disney. Reconocí la imagen inmediatamente.

Era el hombre que había visto en Berkeley. El hombre de mis sueños repetidos. El hombre de las alas enormes.

"Hola, Diego. Qué bueno verte."

Mi corazón aceleraba. "Te—te—te reconozco por mis sueños. Y te vi el otro día," dije.

"No son sueños. Y no fui yo en Berkeley. Sí, me viste, pero no fui yo," dijo. Me imagino que mi expresión dejó saber que no entendía lo que decía. Continuó. "Desde que eras pequeño, siempre he estado contigo. Adentro. Me has visto porque soy parte de ti. De dónde venimos así se mantiene contacto cuando hay distancia."

"Entonces, ¿fue como una alucinación?"

Sonrió. "Bueno. En cierto sentido, sí. Me proyectaste con tu mente."

"Pero estás aquí ahora."

"En forma virtual, sí. El objeto que está en la mesa ayuda a establecer las conexiones entre este mundo y de dónde venimos."

"'¿De dónde venimos?'¿A qué te refieres?"

"No somos de este mundo, Diego."

"¿Por qué 'somos'?"

Sonrió de nuevo. "Como dije, soy parte de ti. Y tú eres parte de mí. Siempre hemos estado juntos, aunque no lo sabías. De donde soy yo, tú también eres de allí."

"Cuando dices que no somos de este mundo, ¿quieres decir que somos de otro planeta?"

"Sí y no." Hizo una pausa. "Cuando digo que no somos de este mundo, quiero decir que no somos de este tiempo, de esta dimensión."

En este momento sospeché que algo pasaba—que alguien me hacía una gran broma. Eché unos vistazos hacia los rincones del salón, hacia el techo, hacia el pasillo.

"Okey. Okey. ¡Basta!," dije a cualquier persona que me escuchara. Pero nadie contestó. Entonces el hombre-imagen se acercó y se sentó a mi lado.

"Dame," dijo y extendió la mano. La miré, inseguro de lo que me esperaba. "Está bien, Diego. Soy tu papá. No dejaré que nada malo te pase." El tono de su voz, la manera en que hablaba, tuvo un efecto calmante en mí, como que era verdad, que no dejaría que nada malo pasara. Extendí mi mano y la puse en la suya.

Mi mente explotó en un furor de imágenes, como una película en "fast forward"— *¡Boom, boom, boom!* tan rápido que parecía que apenas había espacio entre una escena y la que le seguía. Así, imagen tras imagen tras imagen…

Y cuando el caleidoscopio de imágenes terminó, me desmayé en el sofá.

# SEGMENTO 8

# La Virgen de nuevo

OÍ UNA VOZ.

"Ángel. Ángel. ¿Estás bien?"

Abrí los ojos. Me encontré recostado en el sofá. Tenía sed y mi cabeza me dolía un poco. Hacía calor y una ligera humedad del mar filtraba por las ventanas. Mi mamá estaba a mi lado.

"Hijo. ¿Estás bien?"

"Necesito agua," dije.

"No te muevas." Mi mamá se levantó y fue a la cocina. Oí la puerta del gabinete abriéndose y cerrándose, luego el agua saliendo del grifo. Volvió mi mamá con un vaso en la mano.

"Toma." Me miraba mientras tomaba el agua. Su expresión era una mezcla de preocupación leve y un poco de alegría, como que quedaba ella aliviada de algo. "¿Estás mejor?"

La verdad era que con el agua se me iba el dolor de cabeza. "Sí," le respondí. "Gracias."

"¿Qué pasó?" Sus ojos tanteaban los míos, buscando una respuesta. Me reacomodé en el sofá y tomé más agua. Al final, dije simplemente, "Vi a papá. Me habló."

"¿Y?"

Levanté la vista. Otra vez, sus ojos me tanteaban. Pero no sabía qué decirle, cómo explicarle lo que me había pasado. La verdad era que no entendía de todo lo que mi papá me había mostrado. Pero algo que me dijo sonaba entre mis pensamientos. *Siempre estaré contigo. Un ser dentro de tu propio ser. Así es de dónde venimos.*

"Tú lo sabías," dije, sin saber qué más decirle. "Tú sabías quién era papá—qué era. Y nunca me dijiste nada."

Entonces ella bajó la vista como que le tocaba a ella algo difícil de explicar. Pasaron unos segundos y luego me miró de nuevo. "No," dijo. "No sabía qué era. Sabía que no era de aquí. Que era..." Buscaba palabras. "Que era diferente. Y..."

"¿Y qué?"

"Le prometí que no te diría nada. Que esperaría el día apropiado para darte eso." Con su cabeza, hizo una señal hacia el óvalo, que ahora quedaba quieto, inerte. Estiré la mano para tocarlo. Nada. Estaba frío. Sin vida. Mi mamá suspiró.

"Un día apareció tu papá. De repente. Yo caminaba en el parque y me paré para ajustar la agujeta de un zapato. Cuando me puse de pie allí estaba. En frente. Mirándome." Mi mamá se levantó y caminó a la ventana. Miraba hacia el mar, igual a cómo la encontré antes en la playa. E igual que antes, la vi como una figura solitaria, la Virgen Sobre la Roca. Siguió hablando, cara hacia el mar.

"Me sonrió. Pero no era la sonrisa que me llamó la atención. Fueron sus ojos. Tenían algo de especial, como que podía mirar dentro de una persona." Se volvió hacia mí. "Como tú. Tú tienes la misma habilidad. Penetrar los ojos de alguien y ver su interior."

Regresó a mi lado y se sentó en el sofá de nuevo. Me agarró la mano, acariciándola. "La verdad es que nunca supe lo que era tu papá. Se lo pregunté pero solo me dijo que lo único que importaba era que me quería. Después que supe que estaba embarazada contigo, me dijo que no podía quedarse, que no podía explicarme nada. Solo me dijo que te diera el óvalo cuando me parecía el momento. Luego me dijo que cerrara los ojos y me besó en la frente. Cuando abrí los ojos, no estaba. Había desaparecido."

Noté que su expresión había cambiado. Una lágrima se recogía en su ojo izquierdo hasta por fin empezó su lento descenso por la mejilla. En esa lágrima vi toda la carga que llevaba adentro. Una madre soltera. Una mujer que había perdido el único amor de su vida—un hombre a quien amaba con todo el corazón, pero al final no sabía de verdad quién era. Dije las únicas palabras que pude.

"Lo siento, Mamá."

Y con eso vi algo que jamás había visto durante mis 19 años. La mujer que siempre demostró fuerza, la mujer de espalda recta que me crió, la Virgen sobre la Roca—se desplomó en un chorro de lágrimas y sollozos. La recogí en mis brazos y la abracé no como un hijo hace con su mamá sino al revés, como el padre que consuela a un hijo. Porque en ese momento vi algo que colgaba sobre ella como una espada suspendida por un hilo fino: ella temía que yo me fuera como mi papá, que la dejara sola en el mundo. La razón por la cual vivía era yo, y la dejaría para no volver.

"No te preocupes," le dije mientras la mecía en mis brazos. "Siempre te cuidaré. Siempre estaré contigo."

"¿Me lo prometes?," preguntó entre sollozos.

"Sí. Te lo prometo."

Y hablaba en serio. Porque ya no podía dejarla. Y sentí en mis brazos que mi mamá se calmaba. Dejó de llorar y los dos quedamos sentados, yo con ella entre mis brazos…

# SEGMENTO 9

# Regreso a Berkeley

EL LUNES EN la mañana volví a Berkeley. No tenía clases hasta la tarde. Antes de ir a mi clase de historia clásica decidí hacer una visita a mi profesor de filosofía antigua. Toqué la puerta de su oficina y oí un "Pase." Entré y lo vi sentado en frente de su escritorio, medio doblado hacia delante, como una persona mayor. O mejor, una persona vencida por la vida. Leía algo.

"Buenos días, Profesor," dije.

Levantó la vista y me miró. "Hola, Diego." Su voz sonaba vacía, como que no quería darme la bienvenida.

"¿Se puede?"

Me hizo un gesto con la mano dándome permiso. Mientras caminaba yo hacia la silla al otro lado del escritorio, él me estudiaba. Me senté. Puse mi mochila al lado en el suelo. Sus ojos no me dejaron. Me aclaré la garganta. "Quería—quería dar mis disculpas por el otro día. Entiendo que le causé dolor. No fue mi intento."

Me miró sin decir nada. Seguí hablando. "Pero, debe saber Ud. algo. Algo que nunca le he dicho a nadie, salvo a mi mamá." Siguió mirándome. "A lo mejor le parecerá que estoy loco pero no." Dejé que unos segundos pasaran. "Es que puedo ver dentro de otras personas. Saber lo que están pensando. El otro día, pude ver su historia, lo que pasó. El dolor por su hijo."

No me quitó su mirada. Y yo tampoco a él. "Es una larga historia pero este fin de semana conocí a mi papá. Creía que había muerto hace mucho tiempo, cuando era yo bebé. Pero no. Lo conocí y me explicó cosas. No. Me *mostró* cosas."

Siguió mirándome sin decir nada. Continué.

"Entiendo su dolor. Es profundo y se lo ha llevado por mucho tiempo. Y ha impedido su alegría."

Después de una pausa, por fin habló. "Diego, ¿cómo te atreves…?"

34

"Profe. Le puedo ayudar. Mi papá me mostró cómo." Y sin hablar más me levanté y me incliné sobre el escritorio. Agarré su cara en mis manos y le miré directamente a los ojos.

Y entré.

A mi lado sentía la presencia de alguien. Era mi papá. *Sígueme*, dijo. *Te lo muestro.*

Entramos en busca de ciertas imágenes, ciertas memorias. Ignoramos a las demás. Por primera vez, sentí cierto control sobre mi talento. Pasamos por el laberinto de imágenes del profesor. Muchas negras, otras claras. Unas grises. Pero todas vivas y reconocibles. Cumpleaños. Cenas. Estudiantes. Colegas. Libros. Olores. Aromas. Imagen tras imagen. Por fin encontramos lo que buscábamos. Su hijo. Era una imagen envuelta en negro. Pero pude ver algo más. Una alegría enterrada al interior. Una imagen clara y a la vez, asfixiada.

*Anda*, dijo mi papá. *Ahí está.*

Extendí unos brazos invisibles y envolví la imagen. Luchó contra mi abrazo, pero mantuve mi agarre. Y dije estas palabras, en una voz en el interior de la mente del profesor que solo él escuchaba: *Shhh. Está bien. Shhh. Está bien.* Y mecí la imagen como hacen los papás con un bebé. Poco a poco el negro desaparecía y la imagen quedó inmóvil. Al final, emergió la imagen de un chico joven, de unos 16 años. Llevaba una sonrisa enorme.

*Ya*, dijo mi papá. Y dejé la imagen. Retrocedí, pasando por el laberinto de ideas y recuerdos ajenos. Atrás, atrás, atrás, hasta estar una vez más en la oficina del profesor. La luz que filtraba por la ventana nos iluminaba. Mis manos agarraban todavía la cara del profesor. Pero en sus ojos vi algo que antes no existía.

Paz.

Dejé su cara y me acomodé de nuevo en la silla. Me sentía un poco cansado pero también contento. El temor de verle a alguien a los ojos se había evaporado. Y sentí algo nuevo dentro de mí mismo. Un bienestar. Una fuerza. Pero era más que eso, más que un sentimiento.

Era mi papá.

Pero no era mi papá. Porque en realidad, ahora éramos la misma persona. El bienestar que sentía era un nosotros que jamás había experimentado en mi vida. *Siempre estaré contigo….*

Mi profesor me miraba con incredulidad. Sus ojos se llenaban de lágrimas. No eran lágrimas de tristeza. Eran lágrimas de alivio. "Diego, no—no entiendo…" Sus labios temblaban.

Viéndole directamente a los ojos, dije, "No es importante que entienda. Solo es importante que se sienta mejor. La vida no es para cargar tanto dolor, Profe."

Y con eso, agarré mi mochila, me levanté y me fui.

# EPÍLOGO

## En el monte

EL RESTO DEL día pasó sin consecuencia. Almorcé, fui a mis clases y luego subí a mi carro para dar un tour por las colinas que daban hacia la bahía. El sol y el viento me acariciaban. Me sentía alegre, ligero.

Seguí la ruta hasta el monte más alto, Grizzly Peak, y ahí paré el carro. Bajé. Respiré fuerte, inhalando el aire fresco del monte y luego caminé hacia el punto donde podía ver el metrópoli, ver la bahía y ver más allá: el océano. Parecía infinito. Y sí, el mundo era enorme pero en ese momento no me sentía tan pequeño. Ni solo. Pensé en mi mamá. La llamaría más tarde para asegurarme de que andaba bien y para decirle que la vería el fin de semana.

Entonces me quité el suéter que llevaba puesto y también la camiseta. Y ahí, con mi torso desnudo, cerré los ojos y absorbí los rayos del sol. La voz de mi papá sonaba entre mis pensamientos: *Siempre estaré contigo*. Sentí un tirón en la parte superior de mi espalda. Luego otro. Y otro. Esperé con calma. Al final, unas alas enormes brotaron por los dos lados de mis hombros.

*Sígueme. Te lo muestro.*

Abrí los ojos y sonreí

# FIN

# Get a glimpse of the story "Elena" also published by Input and More

# PRÓLOGO

## 31 de mayo

ESCRIBO DESDE LA clínica. El psicólogo dice que escribir es buena terapia. No estoy segura. Además, no necesito terapia. No estoy loca. No estoy enferma. De todos modos, hago lo que el psicólogo dice.

Me llamo Elena Ramírez. Soy de Santa Fe, Nuevo México. También soy de ascendencia mexicana. Creo que es importante mencionar eso. Estoy muy orgullosa de ser latina. Además, vengo de una larga tradición católica. Eso sí es importante mencionar. Porque estoy aquí a causa de la Virgen.

Tengo 17 años. En diez días voy a cumplir 18. Pero hasta entonces, soy menor. No soy adulta—legalmente. Mis padres me han internado aquí. No son malos. Estoy segura de que en sus corazones mis padres creen que están haciendo lo que deben hacer.

Pero no estoy loca. No estoy enferma.

Es que nadie me cree.

No sufro de alucinaciones, como dice el psicólogo. No soy tan imaginativa. Tampoco soy mentirosa. Todo lo que les digo a mis padres, al padre González, a las monjas, al psicólogo… todo es verdad.

No sé quién va a leer esto. ¿Lo escribo para otras personas? No lo sé. Quizás lo escribo para mí misma. Quizás es simplemente una terapia, como dice el psicólogo.

Pero repito. No estoy loca. No estoy enferma.

Como dije, estoy aquí a causa de la Virgen. Ella viene y me habla.

Sí. Viene y me habla. Y me enseña cosas…

# ABOUT THE AUTHOR

BILL VANPATTEN is International Superstar and Diva of Second Language Acquisition. He was professor of Spanish and Second Language Acquisition for three decades before dedicating himself full-time to writing. You can read more about him at sites.google.com/site/bvpsla.

# ACKNOWLEDGEMENTS

THANKS TO DANIEL Trego, Walter Hopkins, and all the students and instructors in Spanish 202 at Michigan State University who read the first version of this story. Thanks to Allen Bernier for his excellent editing job and to David Wiseman for his extra pair of eyes. Special thanks to my Latino upbringing. It has inspired me to write characters like Diego Torres, among others.

Made in the USA
Monee, IL
02 September 2022

13067490R10031